school - դպրոց	2
travel - ճանապարհորդություն	5
transport - Փոխադրամիջոցներ	8
city - քաղաք	10
landscape - բնապատկեր	14
restaurant - ռեստորան	17
supermarket - սուպերմարկետ	20
drinks - ըմպելիք	22
food - սնունդ	23
farm - ֆերմա	27
house - տուն	31
living room - հյուրասենյակ	33
kitchen - խոհանոց	35
bathroom - լոդասենյակ	38
kids room - մանկական սենյակ	42
clothing - հագուստ	44
office - գրասենյակ	49
economy - տնտեսություն	51
occupations - մասնագիտություն	53
tools - գործիքներ	56
musical instruments - երաժշտական գործիքներ	57
zoo - կենդանաբանական այգի	59
sports - սպորտներ	62
activities - գործունեություն	63
family - ընտանիք	67
body - մարմին	68
hospital - հիվանդանոց	72
emergency - շտապ օգնություն	76
earth - երկիր	77
clock - ժամացույց	79
week - շաբաթ	80
year - տարի	81
shapes - ձևավորում	83
colors - գույներ	84
opposites - հակադիրներ	85
numbers - թվեր	88
languages - լեզուներ	90
who / what / how - Ով է /, թե ինչ է /, ինչպես	91
where - որտեղ	92

Impressum
Verlag: BABADADA GmbH, Nedderfeld 112 , 22529 Hamburg
Geschäftsführer / Verlagsleitung: Harald Hof
Druck: Books on Demand GmbH, In de Tarpen 42, 22848 Norderstedt

Imprint
Publisher: BABADADA GmbH, Nedderfeld 112 , 22529 Hamburg, Germany
Managing Director / Publishing direction: Harald Hof
Print: Books on Demand GmbH, In de Tarpen 42, 22848 Norderstedt

classroom
մատյան

divide
բաժանել

186/2

board
գրատախտա
կ

school yard
խաղադաշտ

teacher
ուսուցիչ

paper
թուղթ

write
գրել

pen
գրիչ

desk
գրասեղան

ruler
քանոն

book
գիրք

pupil
աշակերտ

satchel

պայուսակ

pencil case

գրչատուփ

pencil

մատիտ

pencil sharpener

մատիտի սրիչ

rubber

ռետին

drawing pad

նկարչական ալբոմ

drawing

նկարչություն

paintbrush

վրձին

paint box

ներկերի տուփ

scissors

մկրատ

glue

սոսինձ

exercise book

տետր

homework

Տնային աշխատանք

number

թիվ

add

գումարել

subtract

հանել

multiply

բազմապատկել

calculate

հաշվել

letter

տառ

alphabet

այբուբեն

word

բառ

text

տեքստ

read

կարդալ

chalk

կավիճ

lesson

դաս

register

մատյան

examination

քննություն

certificate

վկայական

school uniform

դպրոցական համազգեստ

education

կրթություն

encyclopedia

հանրագիտարան

university

համալսարան

microscope

մանրադիտակ

map

քարտեզ

waste-paper basket

աղբարկղ

hotel
հյուրանոց

hostel
հանրակացարան

currency exchange office
փոխանակման կետ

car
ավտոմեքենա

language
լեզու

yes / no
այո / ոչ

Okay
Լավ

hello
ողջույն

translator
թարգմանիչ

Thank you
Շնորհակալություն

how much is...?

Որքա՞ն է ...?

I don´t get it

Ես չեմ հասկանում

problem

խնդիր

Good evening!

Բարի երեկո

Good morning!

Բարի լույս

Good night!

Բարի երեկո

goodbye

ցտեսություն

direction

ուղղություն

luggage

ուղեբեռ

bag

պայուսակ

backpack

մեջքի պայուսակ

guest

հյուր

room

սենյակ

sleeping bag

քնապարկ

tent

վրան

travel - ճանապարհորդություն

tourist information

Զբոսաշրջության
տեղեկատվական

beach

լողափ

credit card

ԿՐԵԴԻՏ քարտ

breakfast

նախաճաշ

lunch

լանչ

dinner

ճաշ

Ticket

տոմս

elevator

վերելակ

stamp

կնիք

border

սահման

customs

մաքսային

embassy

դեսպանություն

visa

մուտքի արտոնագիր

passport

անձնագիր

airplane
ինքնաթիռ

ship
նավ

fire truck
հրշեջ մեքենա

truck
բեռնատար մեքենա

bus
ավտոբուս

motorboat
մոտորանավակ

car
ավտոմեքենա

bike
հեծանիվ

ferry

լաստանավ

boat

նավակ

motorbike

մոտոցիկլ

police car

ոստիկանության մեքենա

racing car

մրցարշավային մեքենա

rental car

վարձակալվող մեքենա

car sharing

մեքենայի վարձակալում

tow truck

էվակուատոր

garbage truck

աղբահանության մեքենա

engine

շարժիչ

fuel

վառելիք

fuel station

բենզալցակայան

traffic sign

երթևեկության նշան

traffic

երթևեկություն

traffic jam

խցանում

parking lot

ավտոկանգառ

train station

երկաթուղային կայարան

tracks

երկաթուղագիծ

train

գնացք

tram

տրամվայ

wagon

վագոն

helicopter

ուղղաթիռ

airport

օդանավակայան

tower

աշտարակ

passenger

ուղեւոր

container

աման

carton

խավաքարտ

cart

սայլ

basket

զամբյուղ

take off / land

հանել / հողատարածք

city

քաղաք

village

գյուղ

city center

քաղաքի կենտրոնում

house

տուն

movie theater
կինոթատրոն

advert
գովազդ

CINEMA

street light
փողոցային լամպ

street
փողոց

taxi
տաքսի

snack shop
խորտկարան

pedestrian
հետիոտն

sidewalk
մայթ

zebra crossing
հետիոտնային անցում

dumpster
աղբաման

crossing
անցում

traffic lights
լուսացույց

hut

խրճիթ

apartment

բնակարան

train station

երկաթուղային կայարան

city hall

քաղաքապետարան

museum

թանգարան

school

դպրոց

city - քաղաք

university

համալսարան

bank

բանկ

hospital

հիվանդանոց

hotel

հյուրանոց

pharmacy

դեղատուն

office

գրասենյակ

book shop

գրքույկ խանութ

shop

խանութ

flower shop

ծաղկի խանութ

supermarket

սուպերմարկետ

market

շուկա

department store

հանրախանութ

fishmonger's shop

ձկան խանութ

mall

առևտրի կենտրոն

harbor

նավահանգիստ

city - քաղաք

park
գբրոսայգի

bench
բանկերը

bridge
կամուրջ

stairs
աստիճաններ

subway
մետրո

tunnel
թունել

bus stop
ավտոբուսի կանգառ

bar
բար

restaurant
ռեստորան

postbox
փոստարկղ

street sign
փողոցային նշան

parking meter
ավտոկայանման հաշվիչ

zoo
կենդանաբանական այգի

swimming pool
լողավազան

mosque
մզկիթ

farm

ֆերմա

pollution

աղտոտման

cemetery

գերեզմանոց

church

եկեղեցի

playground

խաղահրապարակ

temple

տաճար

landscape
բնապատկեր

signpost
ուղղության նշան

path
ճանապարհ

meadow
մարգագետին

stone
քար

tree
ծառ

hiker
արշավականներ

river
գետ

grass
խոտ

flower
ծաղիկ

valley

հովիտ

hill

բլուր

lake

լիճ

forest

անտառ

desert

անապատ

volcano

հրաբուխ

castle

ամրոց

rainbow

ծիածան

mushroom

սունկ

palm tree

արմավենու ծառ

mosquito

մժեղ

fly

թռչել

ant

մրջյուն

bee

մեղու

spider

սարդ

beetle

բզեզ

frog

գորտ

squirrel

սկյուռ

hedgehog

ոզնի

hare

նապաստակ

owl

բու

bird

թռչուն

swan

կարապ

boar

վարազ

deer

եղջերու

moose

իշայծյամ

dam

պատնեշ

wind turbine

քամին տուրբինների

solar panel

արևային վահանակ

climate

կլիմա

waiter
մատուցող

menu
մենյու

chair
աթոռ

soup
ապուր

pizza
պիցցա

cutlery
սպասք

tablecloth
սփռոց

starter
ստարտեր

main course
հիմնական կերակուր

dessert
դեսերտ

drinks
օրական

food
սնունդ

bottle
շիշ

fast food

արագ սնունդ

street food

streetfood

teapot

թեյնիկ

sugar bowl

շաքարաման

portion

բաժին

espresso machine

էսպրեսսո մեքենա

high chair

մանկական աթոռ

bill

օրինագիծ

tray

սկուտեղ

knife

դանակ

fork

պատառաքաղ

spoon

գդալ

teaspoon

թեյի գդալ

serviette

անձեռոցիկ

glass

ապակի

plate

ափսե

soup plate

խոր ափսե

saucer

պնակ

sauce

սոուս

salt shaker

աղաման

pepper mill

պղպեղի աղաց

vinegar

քացախ

oil

ձեթ

spices

համեմունքներ

ketchup

կետչուպ

mustard

մանանեխ

mayonnaise

մայոնեզ

special offer
հատուկ առաջարկ

customer
հաճախորդ

dairy products
Dairy

FOR

fruit
միրգ

shopping cart
գնումների սայլակ

butcher's shop

մսամթերքի խանութ

bakery

հացամթերքի խանութ

weigh

կշռել

vegetables

բանջարեղեն

meat

միս

frozen food

սառեցված սննդամթերքի

cold cuts

երշիկեղեն

canned food

պահածոների

detergent

լվացքի փոշի

candy

քաղցրավենիք

household products

տնտեսական ապրանքներ

cleaning products

մաքրող միջոցներ

sales representative

վաճառող

cash register

դրամարկղ

cashier

գանձապահ

shopping list

գնումների ցուցակ

opening hours

ժամերը

wallet

դրամապանակ

credit card

ԿՐԵԴԻՏ քարտ

bag

պայուսակ

plastic bag

պլաստիկ տոպրակ

water

ջուր

juice

հյութ

milk

կաթ

coke

կոլա

wine

գինի

beer

գարեջուր

alcohol

սպիրտ

cocoa

կակաո

tea

թեյ

coffee

սուրճ

espresso

էսպրեսսո

cappuccino

կապուչինո

banana

բանան

apple

խնձոր

orange

նարնջի

melon

սեխ

lemon

կիտրոն

carrot

գազար

garlic

սխտոր

bamboo

բամբուկ

onion

սոխ

mushroom

սունկ

nuts

ընկուզեղեն

noodles

արիշտա

spaghetti

սպագետտի

rice

բրինձ

salad

աղցան

fries

չիպս

fried potatoes

տապակած կարտոֆիլ

pizza

պիցցա

hamburger

համբուրգեր

sandwich

սենդվիչ

escalope

կոտլետ

ham

խոզապուխտ

salami

սալյամի

sausage

երշիկ

chicken

հավ

roast

խորով��ծ

fish

ձուկ

porridge oats

վարսակի փաթիլներ

muesli

մյուսլի

cornflakes

եգիպտացորենի փաթիլներ

flour

ալյուր

croissant

կրուասան

bread roll

բուլկի

bread

հաց

toast

տոստ

cookies

թխվածքաբլիթներ

butter

կարագ

curd

կաթնաշոռ

cake

տորթ

egg

ձու

fried egg

տապակած ձու

cheese

պանիր

ice cream

պաղպաղակ

sugar

շաքար

honey

մեղր

jelly

ջեմ

nougat cream

նուգա սերուցք

curry

կարրի

goat

այծ

cow

կով

calf

հորթ

pig

խոզ

piglet

խոճկոր

bull

ցուլ

farm - ֆերմա

27

goose

սագ

duck

բադ

chick

ճուտ

hen

հավ

cockerel

աքլոր

rat

առնետ

cat

կատու

mouse

մուկ

ox

ցուլ

dog

շուն

dog house

շան բուն

garden hose

այգու փողրակ

watering can

watering կարող է

scythe

գերանդի

plow

գութան

sickle

մանգաղ

hoe

թոխր

pitchfork

եղան

axe

կացին

pushcart

միանիվ ձեռնասայլակ

trough

կերակրատաշտ

milk can

կաթի բիդոն

sack

պարկ

fence

ցանկապատ

stable

կայուն

greenhouse

ջերմոց

soil

հող

seed

սերմ

fertilizer

պարարտանյութ

combine harvester

բերքահավաք կոմբայն

harvest

բերք

harvest

բերք

yams

յամս

wheat

ցորեն

soya

սոյա

potato

կարտոֆիլ

corn

եգիպտացորեն

rapeseed

rapeseed

fruit tree

մրգային ծառ

manioc

manioc

grain

շիլաներ

living room

հյուրասենյակ

bathroom

լոգասենյակ

kitchen

խոհանոց

bedroom

ննջարան

kids room

մանկական սենյակ

dining room

ճաշասենյակ

floor

հարկ

wall

պատ

ceiling

առաստաղ

cellar

նկուղ

sauna

շոգեբաղնիք

balcony

պատշգամբ

terrace

պատշգամբ

pool

ավազան

lawn mower

խոտհնձիչ

sheet

թերթ

bedspread

անկողնու ծածկոց

bed

մահճակալ

broom

ավել

bucket

դույլ

switch

անջատիչ

carpet

գորգ

drape

վարագույր

table

սեղան

chair

աթոռ

rocking chair

ճոճվող բազկաթոռ

armchair

բազկաթոռ

book

գիրք

blanket

վերմակ

decoration

զարդարանք

firewood

վառելափայտ

film

ֆիլմ

stereo system

hi-fi

key

բանալի

newspaper

թերթ

painting

նկար

poster

պլակատ

radio

ռադիո

notebook

տետր

vacuum cleaner

փոշեկուլ

cactus

կակտուս

candle

մոմ

fridge
սառնարանի

microwave oven
միկրոալիքային վառարան

kitchen scales
խոհանոցի կշեռք

toaster
տոստեր

laundry detergent
լվացող հեղուկ

freezer
սառնարան

stove
վառարան

dishwasher
աման լվացող սարք

cooker

կաթսա

pot

կճուճ

cast-iron pot

թուջե աման

wok / kadai

wok / kadai

pan

թավա

kettle

թեյնիկ

steamer

շոգենավ

baking tray

ջեռոցի սկուտեղ

crockery

ամանեղեն

mug

բաժակ

bowl

խորը աման

chopsticks

փայտիկներ

ladle

շերեփ

spatula

խոհանոցային բահիկ

whisk

հարել

strainer

քամիչ

sieve

մաղ

grater

քերիչ

mortar

հավանգ

barbecue

խորոված

fireplace

բաց կրակի

chopping board

տախտակ

rolling pin

գրտնակ

corkscrew

խցանահան

can

բանկա

can opener

բացիչ

oven cloth

խոհանոցային բռնիչ

sink

լվացարան

brush

խոզանակ

sponge

սպունգ

blender

բլենդեր

deep freezer

սառնարան

baby bottle

մանկական շիշ

tap

թակել

heating
ջեռուցում

shower
ցնցուղ

towel
սրբիչ

shower curtain
լոգարանի վարագույր

bubble bath
փրփուրով վաննա

bathtub
լոգարան

glass
ապակի

washing machine
լվացքի մեքենա

tiles
սալիկներ

tap
թակել

potty
մանր

sink
լվացարան

toilet
....
զուգարան

squat toilet
....
կչելը զուգարան

bidet
....
բիդե

urinal
....
pissoir

toilet paper
....
զուգարանի թուղթ

toilet brush
....
զուգարանի խոզանակ

toothbrush

ատամի խոզանակ

toothpaste

ատամի քսուք

dental floss

ատամի թել

wash

լվանալ

hand shower

ծեռքի ցնցուղ

douche

ցնցուղ

basin

ավազան

back brush

մեջքի խոզանակ

soap

օճառ

shower gel

լոգանքի գել

shampoo

շամպուն

flannel

ճիլոպ

drain

հատականցք

creme

կրեմ

deodorant

դեզոդորանտ

mirror

հայելի

hand mirror

ձեռքի հայելի

razor

սափրիչ

shaving foam

Սափրվելու փրփուր

aftershave

սափրվելուց հետո քսվող լոսյոն

comb

սանր

brush

խոզանակ

hair-dryer

Մազերի չորացուցիչ

hairspray

մազի լաք

makeup

դիմահարդարում

lipstick

շրթնաներկ

nail varnish

եղունգների լաք

cotton wool

բամբակ

nail scissors

եղունգների մկրատ

perfume

օծանելիք

washbag

դիմահարդարման
պայուսակ

stool

աթոռակ

weighing scales

կշեռք

bathrobe

լողանալու խալաթ

rubber gloves

ռետինե ձեռնոցներ

tampon

տամպոն

sanitary towel

սանիտարական սրբիչ

chemical toilet

քիմիական զուգարան

kids room
մանկական սենյակ

alarm clock
զարթուցիչ ժամացույց

cuddly toy
փափուկ խաղալիք

toy car
խաղալիք մեքենա

doll's house
տիկնիկների տնակ

rattle
բըբլալ

present
ներկա

balloon

փուչիկ

bed

մահճակալ

stroller

մանկական սայլակ

deck of cards

խաղաթղթեր

jigsaw

խճապատկեր

comic

կոմիքս

lego bricks

Լեգո կուբիկներ

toy blocks

կառուցողական
խաղալիքներ

action figure

ակցիան գործիչ

romper suit

մանկական բոդի

frisbee

Frisbee

mobile

Շարժական

board game

խաղատախտակ

dice

զառախաղ

model train set

գնացքների կազմ

pacifier

ծծակ

party

կուսակցություն

picture book

մանկական
պատկերազարդ գիրք

ball

գնդակ

doll

տիկնիկ

play

խաղալ

sandpit

ավազե խաղահրապարակի

swing

ճիրմ

toys

Խաղալիքներ

video game console

վիդեո խաղ մխիթարել

tricycle

Եռանիվ հեծանիվ

teddy bear

խաղալիք արջուկ

wardrobe

պահարան

clothing

հագուստ

socks

կիսագուլպա

stockings

գուլպա

tights

գուգագուլպա

scarf
շարֆ

umbrella
հովանոց

belt
գոտի

t-shirt
շապիկ

boots
կոշիկ

slippers
հողաթափեր

sneakers
սպորտային կոշիկներ

sandals
սանդալներ

shoes
կոշիկ

rubber boots
ռետինե կոշիկներ

underwear
վարտիք

bra
կրծկալ

undershirt
մայկա

clothing - հագուստ

45

body

մարմին

pants

անդրավարտիք

jeans

ջինս

skirt

կիսաշրջազգեստ

blouse

բլուզ

shirt

վերնաշապիկ

pullover

պուլովեր

sweater

սպորտային կուրտկա

blazer

պիջակ

jacket

կուրտկա

coat

վերարկու

raincoat

անձրևանոց

costume

կանացի կոստյում

dress

զգեստ

wedding dress

հարսանյաց զգեստ

suit

տղամարդու կոստյում

nightgown

գիշերանոց

pajamas

պիժամա

sari

Սարի

headscarf

գլխաշորն

turban

չալմա

burka

չադրա

kaftan

արևելյան խալաթ

abaya

հաստ վերարկու

swimsuit

կանացի լողազգեստ

trunks

տղամարդու լողազգեստ

shorts

շորտ

tracksuit

սպորտային համազգեստ

apron

գոգնոց

gloves

ձեռնոցներ

button

կոճակ

glasses

ակնոց

bracelet

ապարանջան

necklace

վզնոց

ring

մատանի

earring

ականջող

cap

գլխարկ

coat hanger

կախիչ

hat

գլխարկ

tie

փողկապ

zip

շղթա

helmet

սաղավարտ

braces

տաբատակալ

school uniform

դպրոցական համազգեստ

uniform

համազգեստ

bib

մանկական զգեստ

pacifier

ծծակ

diaper

մանկական տակդիր

office

գրասենյակ

server
սերվեր

filing cabinet
գրասենյակային
պահարան

printer
տպիչ

paper
թուղթ

monitor
մոնիտոր

mouse
մկնիկ

desk
գրասեղան

folder
թղթապանա
կ

keyboard
ստեղնաշար

waste-paper basket
աղբարկղ

chair
աթոռ

computer
համակարգիչ

coffee mug

սուրճի գավաթ

calculator

հաշվիչ

internet

ինտերնետ

laptop

laptop

letter

նամակ

message

հաղորդագրություն

cell phone

բջջային հեռախոս

network

ցանց

photocopier

պատճենահանման սարք

software

ծրագրային ապահովում

telephone

հեռախոս

plug socket

վարդակ

fax machine

ֆաքսի մեքենա

form

տեսակ

document

փաստաթուղթ

buy

գնել

pay

վճարել

trade

առեւտրի

money

փող

 USD

dollar

դոլար

 EUR

euro

եվրո

 JPY

yen

իեն

 RUB

rouble

ռուբլի

 CHF

Swiss franc

շվեյցարական ֆրանկ

 CNY

renminbi yuan

յուան

 INR

rupee

ռուպի

cash point

բանկոմատ

currency exchange office

փոխանակման կետ

gold

ոսկի

silver

արծաթ

oil

նավթ

energy

էներգիա

price

գին

contract

պայմանագիր

tax

հարկ

stock

ակցիաներ

work

աշխատանք

employee

ծառայող

employer

գործատու

factory

գործարան

shop

խանութ

economy - տնտեսություն

occupations
մասնագիտություն

police officer
ոստիկան

fireman
հրշեջ

cook
խոհարար

doctor
բժիշկ

pilot
օդաչու

gardener
այգեպան

carpenter
ատաղձագործ

seamstress
դերձակուհի

judge
դատավոր

chemist
քիմիկոս

actor
դերասան

bus driver

ավտոբուսի վարորդ

taxi driver

տաքսու վարորդ

fisherman

ձկնորս

cleaning lady

հավաքարար

roofer

տանիքագործ

waiter

մատուցող

hunter

որսորդ

painter

նկարիչ

baker

հացթուխ

electrician

էլեկտրատեխնիկ

builder

շինարար

engineer

ինժեներ

butcher

մսագործ

plumber

ջրմուղագործ

postman

փոստատար

soldier

զինվոր

architect

ճարտարապետ

cashier

գանձապահ

florist

ծաղկավաճառ

hairdresser

վարսավիր

conductor

տոմսավաճառ

mechanic

մեխանիկ

captain

կապիտան

dentist

ատամնաբույժ

scientist

գիտնական

rabbi

ռաբբի

imam

Իմամ

monk

կուսակրոն

pastor

հովվորական

occupations - մասնագիտություն

hammer
մուրճ

pliers
տափակաբերան
աքցան

screwdriver
պտուտակահան

wrench
դարձակ

torch
լապտեր

excavator
էքսկավատոր

toolbox
գործիքների տուփ

ladder
սանդուղք

saw
սղոց

nails
մեխեր

drill
գայլիկոն

tools - գործիքներ

repair

նորոգում

shovel

բահ

Damn!

գրողը տանի

dustpan

զգզաթիակ

paint can

ներկաման

screws

պտուտակներ

musical instruments

երաժշտական գործիքներ

drum set
հարվածային գործիքների կազմ

loud speaker
բարձրախոս

guitar
կիթառ

double bass
կոնտրաբաս

trumpet
շեփոր

piano

դաշնամուր

violin

ջութակ

bass

բաս

timpani

թմբուկներ

drums

հարվածային գործիքներ

keyboard

ստեղնաշար

saxophone

սաքսոֆոն

flute

ֆլեյտա

microphone

միկրոֆոն

tiger
վագր

cage
վանդակ

zebra
զեբր

animal feed
կենդանիների կերակուր

entrance
մուտք

panda
պանդա

animals
կենդանիներ

elephant
փիղ

kangaroo
կենգուրու

rhino
ռնգեղջյուր

gorilla
գորիլա

bear
շագանակագույն արջ

camel

ուղտ

ostrich

ջայլամ

lion

առյուծ

monkey

կապիկ

flamingo

ֆլամինգո

parrot

թութակ

polar bear

բևեռային արջ

penguin

պինգվին

shark

շնաձուկ

peacock

սիրամարգ

snake

օձ

crocodile

կոկորդիլոս

zookeeper

կենդանաբանական այգու
աշխատող

seal

փոկ

jaguar

յագուար

pony

պոնի

leopard

ընձառյուծ

hippo

գետաձի

giraffe

ընձուղտ

eagle

արծիվ

boar

վարազ

fish

ձուկ

turtle

կրիա

walrus

ծովացուլ

fox

աղվես

gazelle

վիթ

American football
ամերիկյան ֆուտբոլ

cycling
հեծանվավազք

tennis
թենիս

basketball
բասկետբոլ

swimming
լող

boxing
բռնցքամարտ

ice hockey
հոկեյ

soccer
ֆուտբոլ

badminton
բադմինտոն

athletics
աթլետիկա

handball
ձեռքի գնդակ

skiing
դահուկային սպորտ

polo
պոլո

jump
ցատկել

laugh
ծիծաղել

hug
գրկել

walk
քայլել

sing
երգել

dream
երազել

pray
աղոթել

kiss
համբուրել

write	draw	show
գրել	նկարել	ցույց տալ

push	give	take
հրել	տալ	վերցնել

have

ունենալ

do

դեպի

be

լինել

stand

կանգնել

run

վազել

pull

քաշել

throw

նետել

fall

ընկնել

lie

ստել

wait

սպասել

carry

կրել

sit

նստել

get dressed

հագնվել

sleep

քնել

wake up

արթնանալ

look at

նայել

cry

լացել

stroke

շոյել

comb

սանրվել

talk

խոսել

understand

հասկանալ

ask

հարցնել

listen

լսել

drink

խմել

eat

ուտել

tidy up

հարդարվել

love

սիրել

cook

խոհարար

drive

քշել

fly

թռչել

sail

լողալ

calculate

հաշվել

read

կարդալ

learn

սովորել

work

աշխատանք

marry

ամուսնանալ

sew

կարել

brush teeth

ատամները լվանալ

kill

սպանել

smoke

ծուխ

send

ուղարկել

activities - գործունեություն

grandmother
տատիկ

grandfather
պապիկ

father
հայր

mother
մայր

baby
երեխա

daughter
դուստր

son
որդի

guest

հյուր

aunt

հորաքույր

uncle

հորեղբայր

brother

եղբայր

sister

քույր

forehead
ճակատ

eye
աչք

shoulder
ուս

finger
մատ

face
դեմք

chin
կզակ

hand
ձեռք

breast
կուրծք

leg
ոտք

arm
թև

baby

երեխա

man

մարդ

woman

կին

girl

աղջիկ

boy

տղա

head

գլուխ

back

մեջք

belly

փոր

navel

պորտ

toe

ոտնամատ

heel

կրունկ

bone

ոսկոր

hip

ազդր

knee

ծունկ

elbow

արմունկ

nose

քիթ

buttocks

հետույք

skin

մաշկ

cheek

այտ

ear

ականջ

lip

շրթունք

mouth

բերան

tooth

ատամ

tongue

լեզու

brain

ուղեղ

heart

սիրտ

muscle

մկան

lung

թոք

liver

լյարդ

stomach

ստամոքս

kidneys

երիկամներ

sex

սեքս

condom

պահպանակներ

ovum

ձվաբջիջը

semen

Սեմյն

pregnancy

հղիություն

menstruation

դաշտան

vagina

հեշտոց

penis

առնանդամ

eyebrow

հոնք

hair

մազ

neck

պարանոց

hospital
հիվանդանոց

ambulance
շտապ օգնության մեքենա

wheelchair
սայլակ

fracture
կոտրվածք

doctor

բժիշկ

emergency room

շտապ օգնության սենյակ

nurse

բուժքույր

emergency

շտապ օգնություն

unconscious

անգիտակից

pain

ցավ

injury

վնասվածք

bleeding

արյունահոսություն

heart attack

սրտի կաթված

stroke

կաթված

allergy

ալերգիա

cough

հազ

fever

տենդ

flu

գրիպ

diarrhea

փորլուծություն

headache

գլխացավ

cancer

քաղցկեղ

diabetes

դիաբետ

surgeon

վիրաբույժ

scalpel

վիրադանակ

operation

վիրահատություն

CT

CT

x-ray

ռենտգեն

ultrasound

ուլտրաձայնային

face mask

դեմքի դիմակ

disease

հիվանդություն

waiting room

սպասասրահ

crutch

հենակ

plaster

սպեղանի

bandage

վիրակապ

injection

ներարկում

stethoscope

լսափողակ

stretcher

պատգարակ

clinical thermometer

ջերմաչափ

birth

ծնունդ

overweight

ավելաքաշ

hearing aid

լսելով oգնության

disinfectant

ախտահանիչ

infection

վարակ

virus

վիրուս

HIV / AIDS

ՄԻԱՎ / ՁԻԱՀ

medicine

դեղորայք

vaccination

պատվաստում

tablets

հաբեր

pill

հաբ

emergency call

ահազանգ

blood pressure monitor

արյան ճնշման չափիչ սարք

ill / healthy

հիվանդ / առողջ

Help!

Օգնություն!

alarm

տագնապի ազդանշան

assault

հարձակում

attack

հարձակում

danger

վտանգ

emergency exit

վթարային ելք

Fire!

Հրդեհ

fire extinguisher

կրակմարիչ

accident

վթար

first-aid kit

առաջին օգնության դեղարկղ

SOS

SOS

police

ոստիկանություն

Europe

Եվրոպա

North America

Հյուսիսային Ամերիկա

South America

Հարավային Ամերիկա

Africa

Աֆրիկա

Asia

Ասիա

Australia

Ավստրալիա

Atlantic

Ատլանտյան օվկիանոս

Pacific

Խաղաղ օվկիանոս

Indian Ocean

Հնդկական օվկիանոս

Antarctic Ocean

Հարավային Սառուցյալ
օվկիանոս

Arctic Ocean

Հյուսիսային Սառուցյալ
օվկիանոս

North pole

հյուսիսային բևեռ

South pole

հարավային բևեռ

Antarctica

Անտարկտիդա

earth

երկիր

land

ցամաք

sea

ծով

island

կղզի

nation

ազգ

state

պետական

clock face

թվատախտակ

hour hand

ժամի սլաք

minute hand

րոպեի սլաք

second hand

վայրկյանի սլաք

What time is it?

Ժամը քանիսն է?

day

օր

time

այսպիսով

now

այժմ

digital watch

թվային ժամացույց

minute

րոպե

hour

ժամ

week
շաբաթ

Monday
երկուշաբթի

Wednesday
չորեքշաբթի

Friday
ուրբաթ

Tuesday
երեքշաբթի

Thursday
հինգշաբթի

Saturday
շաբաթ

Sunday
կիրակի

yesterday

այսոր

today

այսոր

tomorrow

վաղը

morning

առավոտ

noon

կեսոր

evening

երեկո

MO	TU	WE	TH	FR	SA	SU
1	2	3	4	5	6	7
8	9	10	11	12	13	14
15	16	17	18	19	20	21
22	23	24	25	26	27	28
29	30	31	1	2	3	4

workdays

աշխատանքային օրեր

MO	TU	WE	TH	FR	SA	SU
1	2	3	4	5	6	7
8	9	10	11	12	13	14
15	16	17	18	19	20	21
22	23	24	25	26	27	28
29	30	31	1	2	3	4

weekend

շաբաթվա վերջ

rain
անձրև

spring
գարուն

summer
ամառ

wind
քամի

fall
աշուն

snow
ձյուն

winter
ձմեռ

4.APRIL	11°	☀
5.APRIL	4°	🌧
6.APRIL	13°	☂
7.APRIL	8°	☀
8.APRIL	10°	☀

weather forecast

եղանակի տեսություն

thermometer

ջերմաչափ

sunshine

արևի լույս

cloud

ամպ

fog

մառախուղ

humidity

խոնավություն

lightning

կայծակ

thunder

որոտ

storm

փոթորիկ

hail

կարկուտ

monsoon

մուսոն

flood

ջրհեղեղ

ice

սառույց

January

հունվար

February

փետրվար

March

մարտ

April

ապրիլ

May

մայիս

June

հունիս

July

հուլիս

August

օգոստոս

year - տարի

September

սեպտեմբեր

October

հոկտեմբեր

November

նոյեմբեր

December

դեկտեմբեր

shapes

ձևավորում

circle

շրջան

square

քառակուսի

rectangle

ուղղանկյունի

triangle

եռանկյունի

sphere

ասպարեզ

cube

խորանարդ

գույներ

white
....
վարդագույն

yellow
....
մոխրագույն

orange
....
դեղին

pink
....
մանուշակագույն

red
....
կարմիր

purple
....
շագանակագույն

blue
....
կապույտ

green
....
սև

brown
....
նարնջագույն

gray
....
սպիտակ

black
....
կանաչ

a lot / a little

շատ / քիչ

angry / calm

բարկացած / հանգիստ

beautiful / ugly

գեղեցիկ / տգեղ

beginning / end

սկսած / վերջը

big / small

մեծ / փոքր

bright / dark

պայծառ / մութ

brother / sister

եղբայրը / քույրը

clean / dirty

մաքուր / կեղտոտ

complete / incomplete

ամբողջական / թերի

day / night

օր / գիշեր

dead / alive

մեռած / կենդանի

wide / narrow

լայն / նեղ

edible / inedible

ուտելի / անուտելի

evil / kind

չար / բարի

excited / bored

հուզված / ձանձրացրել

fat / thin

հաստ / բարակ

first / last

առաջին / վերջին

friend / enemy

ընկերը / թշնամին

full / empty

լիքը / դատարկ

hard / soft

կոշտ / փափուկ

heavy / light

ծանր / թեթև

hunger / thirst

քաղց / ծարավ

ill / healthy

հիվանդ / առողջ

illegal / legal

անօրինական է /
իրավաբանական

intelligent / stupid

խելացի / հիմարություն

left / right

ձախ / աջ

near / far

մոտիկ / հեռու

new / used

Նոր / օգտագործվում

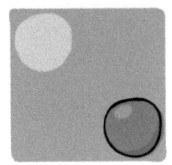

nothing / something

ոչինչ / ինչ - որ բան

old / young

ծեր / երիտասարդ

on / off

միացում անջատում

open / closed

բաց / փակ

quiet / loud

ցածր / բարձր

rich / poor

հարուստ / աղքատ

right / wrong

ճիշտ / սխալ

rough / smooth

անհարթ / հարթ

sad / happy

տխուր / ուրախ

short / long

կարճ / երկար

slow / fast

դանդաղ / արագ

wet / dry

թաց / չոր

warm / cool

տաք / թույն

war / peace

պատերազմ / խաղաղությունը

0

zero

գրո

1

one

մեկ

2

two

երկու

3

three

երեք

4

four

չորս

5

five

հինգ

6

six

վեց

7

seven

յոթ

8

eight

ութ

9

nine

ինը

10

ten

տաս

11

eleven

տասնմեկ

12

twelve

տասներկու

13

thirteen

տասներեք

14

fourteen

տասնչորս

15

fifteen

տասնհինգ

16

sixteen

տասնվեց

17

seventeen

տասնյոթ

18

eighteen

տասնութ

19

nineteen

տասնինը

20

twenty

քսան

100

hundred

հարյուր

1.000

thousand

հազար

1.000.000

million

միլիոն

languages
լեզուներ

English
....
անգլերեն

American English
....
ամերիկյան անգլերեն

Chinese Mandarin
....
չինարեն մանդարին

Hindi
....
հինդի

Spanish
....
իսպաներեն

French
....
ֆրանսերեն

Arabic
....
արաբերեն

Russian
....
ռուսերեն

Portuguese
....
պորտուգալերեն

Bengali
....
բենգալերեն

German
....
գերմաներեն

Japanese
....
ճապոներեն

I

Ես

you

դուք

he / she / it

Նա / Նա /, որ դա

we

մենք

you

դուք

they

նրանք

who?

Ով է?

what?

ինչ?

how?

ինչպես?

where?

որտեղ.

when?

երբ?

name

անուն

behind

եռնւում

in

մեջ

in front of

դիմաց

over

վրա

on

վրա

under

տակ

beside

կողքին

between

միջեւ

place

տեղ